NOUVELLE BIBLIOTHÈQUE THÉATRALE

UN TYRAN DOMESTIQUE

VAUDEVILLE EN UN ACTE

PAR

MM. DECOURCELLE & LAMBERT THIBOUST

Prix : 50 cent.

PARIS

LIBRAIRIE NOUVELLE

[BOUL]EVARD DES ITALIENS, 15, EN FACE DE LA MAISON DORÉE

—

1856

UN TYRAN DOMESTIQUE

VAUDEVILLE EN UN ACTE

PAR

MM. DECOURCELLE & LAMBERT THIBOUST

Représenté pour la première fois, à Paris, sur le théâtre des Variétés le 22 octobre 1856.

PARIS
LIBRAIRIE NOUVELLE
BOULEVARD DES ITALIENS, 15, EN FACE DE LA MAISON DORÉE

1856

PERSONNAGES

GUSTAVE LEBRUN, rentier..................	MM. ALEXANDRE MICHEL.
PICARD, domestique..........................	COLBRUN.
MATHILDE, femme de Gustave..................	Mlle HINRY.
UNE FEMME DE CHAMBRE, personnage muet.	

Toutes les indications sont prises de la gauche du spectateur. — Les personnages sont inscrits en tête des scènes dans l'ordre qu'ils occupent au théâtre. — Les changements de position sont indiqués par des renvois au bas des pages.

UN TYRAN DOMESTIQUE

Un petit salon moderne.— Porte au fond. — Portes latérales au troisième plan.— Au premier plan, à gauche, une cheminée.— Au premier plan, à droite, une fenêtre.— Près de la cheminée une causeuse.— A droite, entre la porte et la fenêtre, un petit secrétaire.— De chaque côté de la porte du fond, une console avec vase.—Sur celle de droite, une boîte à cigares. — Au milieu, une table ovale avec papier, plumes, encrier, corbeille à ouvrage, timbre, journaux, brochures, etc.—Tableaux.— Etagères. — Fauteuils, chaises. — Ameublement riche.— Au lever du rideau, le théâtre est vide; la porte du fond s'ouvre, entre Picard.)

SCÈNE PREMIÈRE.

PICARD, seul, un journal à la main. — Il va entr'ouvrir la porte de gauche et la referme en haussant les épaules; il tire sa montre.

Onze heures du matin, personne!... Monsieur est sorti hier à onze heures du soir, en disant à sa femme : « Mignonne, je vais fumer un cigare sur le boulevard. » — Madame lui a dit: «Va, mon ami.» Puis elle est entrée là, dans son appartement. (Il désigne la porte de droite.) Quant à monsieur, il paraîtrait que son cigare était bien serré ou bien humide... car voilà douze heures qu'il est en train de le fumer. (S'asseyant à droite.) Donnez donc à vos filles de l'éducation, des principes et cent mille écus de dot, pour qu'elles épousent de pareils sujets!... Ah! Gustave! Gustave! vous êtes bien coupable!...

(Il s'enfonce dans le fauteuil et reprend la lecture de son journal. — Un des côtés de la porte du fond s'ouvre doucement, Gustave paraît son chapeau sur les yeux, un grand cache-nez autour du cou, les mains dans les poches de son paletot; il a un bout de cigare à la bouche.)

SCÈNE II.

GUSTAVE, PICARD.

GUSTAVE.

S'il y a du bon sens de rentrer à une pareille heure!... Aussi, c'est bien la dernière fois...

(Il pose son paletot, sa canne et son cache-nez sur la causeuse.)

PICARD, l'apercevant.

Ah! c'est vous?

GUSTAVE.

Chut! qu'est-ce que tu fais là?

PICARD, toujours assis.

Vous le voyez bien.

GUSTAVE.

Tu lis mon journal?

PICARD.

Eh bien! après?

GUSTAVE.

Eh bien... je te prierai d'aller l'achever à l'antichambre.

PICARD, se levant.

Ça m'est égal.

(Il remonte lentement.)

GUSTAVE.

Ma femme n'a pas demandé après moi?

PICARD, s'arrêtant.

Pas que je sache.

GUSTAVE.

Elle dort sans doute encore?

PICARD.

Vous l'avez dit... Pauvre ange!

GUSTAVE.

Dis donc, toi, pourquoi m'appelles-tu: pauvre ange?

PICARD.

Je ne parle pas de vous, mais de madame; car je les plains, ces pauvres femmes. Nous sommes de si mauvais gueux, nous autres hommes!

GUSTAVE.

Monsieur Picard!

PICARD, très-haut.

Eh bien! quoi?

GUSTAVE.

Rien. (A lui-même.) Dire que je suis en la puissance de ce scapin, et que je suis obligé de lui sourire, quand j'aurais tant de joie à lui flanquer mon pied...

PICARD.

Vous dites?

GUSTAVE.

Rien! (A part.) Oh!...

(Il fume avec précipitation comme un homme en colère.)

PICARD, toussant.

Vous n'avez pas encore fini votre cigare? Eh bien, vous y mettez le temps!

GUSTAVE.

Comment, je n'ai pas... Ah! oui, je comprends... mais je vais te dire, mon petit Picard : je faisais un dernier tour de boulevard et j'allais rentrer, quand j'ai rencontré d'anciens camarades de collége; ils m'ont entraîné au café de Paris; nous avons soupé... entre hommes, bien entendu!

PICARD, froidement.

Non, monsieur.

GUSTAVE.

Plaît-il?

PICARD.

Non, vous dis-je; le seul fait de me dire que vous avez soupé entre hommes, sans que je vous le demande, me prouve que c'est un conte.

GUSTAVE.

Ah! mais c'est trop fort à la fin!... et je...

PICARD, impassible.

Prenez donc garde, vous allez réveiller madame.

GUSTAVE, baissant la voix.

C'est juste. Non, vois-tu, mon bon Picard, voici ce que c'est : d'abord, il n'y avait réellement que des hommes; mais d'autres amis sont arrivés avec des dames... très-bien : il n'y avait plus de cabinets ; de sorte que nous avons été forcés... bien malgré nous... Enfin, quoi qu'il en soit, tu m'as attendu toute la nuit, et il est juste que, pour la peine...

(Il fouille dans la poche de son gilet.)

PICARD.

Moi, vous avoir attendu? Vous me prenez donc pour un autre? Je me suis couché à onze heures un quart.

GUSTAVE.

C'est égal, tu aurais pu m'attendre, et il est juste que de mon côté... enfin, voilà vingt francs pour toi.

PICARD, mettant l'argent dans sa poche.

C'est bien, monsieur, c'est bien.

GUSTAVE.

Il me semble que tu pourrais dire :Merci.

PICARD.

Pourquoi donc ça ? Si vous me donnez de l'argent, c'est que vous avez vos raisons pour ça... je ne vous dois donc pas de reconnaissance.

GUSTAVE.

Fort bien. Si tu veux que je te fasse des excuses par-dessus le marché... ne te gêne pas.

PICARD.

C'est inutile. (Prenant un porte-cigare brodé que Gustave vient de déposer sur la table du milieu.) Tiens, monsieur a un nouveau porte-cigare!... c'est sans doute madame qui...

GUSTAVE.

Veux-tu bien me rendre ça tout de suite, malheureux !

PICARD, gardant le porte-cigare.

Ah ! il paraît que ce n'est pas madame.... Oh ! les jolis cigares ! Monsieur veut-il être assez bon pour me permettre d'en prendre un ?

GUSTAVE.

Comment donc! mais avec le plus grand plaisir!... (Picard en prend deux ou trois. — A part.) Gredin, va!...

PICARD, remettant le porte-cigare sur la table.

Vous dites?

GUSTAVE.

Je dis que tu es bien heureux d'avoir un maître aussi indulgent.

(Il s'assied sur la causeuse.)

PICARD.

Oui, vous avez d'assez bons moments, vous avez des jours où vous êtes gentil pour moi; mais le cœur n'y est pour rien. Au fond, je suis bien sûr que vous ne m'aimez pas.

GUSTAVE.

Oh! par exemple! Mais dis-moi, hier au soir, quand j'ai été parti, qu'a fait ma femme?

PICARD.

Madame?... (Il désigne le petit secrétaire.) Elle s'est assise devant ce secrétaire, impassible et résignée; puis, à la lueur de sa lampe nocturne, elle a écrit je ne sais quoi sur un gros livre; quand elle a eu fini, elle a remis le gros livre dans le secrétaire, dont elle a retiré la clef; puis elle est rentrée chez elle; quelques instants après sa lampe était éteinte, et madame sacrifiait au sommeil.

GUSTAVE.

De sorte qu'elle n'a pu se douter de rien! Bravo! Tiens, Picard, tu vas ranger tout cela dans ma chambre.

(Il lui tend son paletot, son chapeau et son cache-nez.)

PICARD.

Je n'ai pas le temps, monsieur... je vas déjeuner.

GUSTAVE, remettant ses effets sur la causeuse.

Ah!... eh bien, va, mon garçon, et soigne-toi bien.

PICARD.

Soyez tranquille. (En confidence.) La cuisinière vous a justement pincé hier trois bouteilles de votre fameux saint-julien.

GUSTAVE.

Joséphine ? Je la chasse !

PICARD.

Mais non, monsieur, puisque c'est à mon instigation.

GUSTAVE.

Ah ! du moment que c'est à ton instigation, c'est différent. A part.) Et ne pas pouvoir...

PICARD.

Monsieur n'a plus rien à me commander?

GUSTAVE, avec ironie.

Moi ! non... mais si tu as besoin de quelque chose, tu me sonneras.

PICARD, avec aplomb.

C'est inutile, monsieur, j'ai la cuisinière !

(Il sort par le fond.)

SCÈNE III.

GUSTAVE, seul.

Quel sacripant ! (Il ouvre la porte de gauche et jette son cache-nez, son chapeau et son paletot.) Voilà ce que c'est, pourtant, que de mener la vie de garçon quand on a cessé d'appartenir à cette joyeuse confrérie ! Telles sont les conséquences du péché... mais qu'il est joli, qu'il est mignon, le péché ! Ainsi, cette nuit, je m'en suis donné!... Je n'ai pas rencontré d'amis de collége, au moins !... Cette nuit, j'ai soupé avec mademoiselle Paméla... et compagnie !... Quel souper !... il était un peu salé, par exemple... Mais je me suis bien amusé, j'ai dit des bêtises !... J'ai ôté mon habit !... J'ai dansé la valse à un temps !

Air : *Des exploits de César.*

O nuits charmantes,
Nuits enivrantes,

Votre gaieté devrait-elle finir !
Toujours en fête,
Viv' la lorette !
Car pour mot d'ordre elle a pris le plaisir.
Je suis heureux au sein de mon ménage,
Mais est-ce un mal que ma fidélité
De temps en temps s'échappe de sa cage
Pour respirer l'air de la liberté ?
Pas de scandale ;
Pour la morale,
Que des mentors me censurent... eh bien,
Au moraliste
Sévère et triste,
Moi, je réponds : Ma femme n'en sait rien.
Ah ! j'en suis sûr, plus d'un mari m'excuse ;
Sages demain, aujourd'hui soyons fous ;
C'est mal, très-mal, soit... mais comme on s'amuse. .
Dans le panier des pêches à quinze sous !
O nuits charmantes !...

(Voyant Mathilde qui entre par la droite.)

Oh !... ma femme !...

SCÈNE IV.

GUSTAVE, MATHILDE.

MATHILDE, entrant.

Ah ! c'est toi, mon ami, bonjour. Tu vas bien, ce matin ?

GUSTAVE, l'embrassant sur le front.

Très-bien, chère amie, et toi ?

MATHILDE, s'asseyant près de la table.

Tu as bien dormi ?

(Elle prend une broderie et travaille.)

GUSTAVE.

Oh ! parfaitement, et toi ?

MATHILDE.

Je n'ai fait qu'un somme.

GUSTAVE.

De sorte que tu ne m'as pas entendu rentrer ?

MATHILDE.

Mon Dieu, non.

GUSTAVE.

Oh ! je m'en suis bien aperçu, car hier soir, vers minuit, minuit un quart...

MATHILDE.

Ah ! tu es rentré vers minuit, minuit un quart ?...

GUSTAVE.

Oui, chère amie, oui ; je suis même allé dans ta chambre...

MATHILDE.

Ah ! tu es venu dans ma chambre ? C'est singulier... je ne t'ai pas entendu.

GUSTAVE.

Je voulais te dire bonsoir ; mais, ma foi, tu dormais si bien que je n'ai pas eu le cœur de te réveiller.

MATHILDE.

Tu es si bon pour moi, si rempli de soins et d'attentions !...

GUSTAVE.

Oh ! pour ce qui est des attentions, je ne crains personne, moi !...

(Il s'assied derrière la table, près de sa femme.)

MATHILDE.

Dis moi, est-ce que tu vas sortir tantôt ?

GUSTAVE.

Oui, j'ai affaire chez mon avoué.

MATHILDE.

Et à quelle heure penses-tu être de retour ?

GUSTAVE.

Ma foi ! je n'en sais rien... vers quatre heures, probablement.

MATHILDE.

A quatre heures, soit ; mais pas plus tard.

GUSTAVE.

Est-ce que tu as besoin de moi ?

MATHILDE.

Non... mais j'ai à te parler.

GUSTAVE.

Est-ce que tu ne pourrais pas me dire ça maintenant?

MATHILDE.

Non, ce serait trop long... et pourvu que tu sois rentré à quatre heures précises, c'est tout ce qu'il faut.

GUSTAVE.

Pourquoi cette heure-là plutôt qu'une autre?

MATHILDE.

Parce que je pars à quatre heures et demie.

GUSTAVE.

Comment, tu pars? pourquoi? pour où

MATHILDE.

Tu le sauras à quatre heures.

GUSTAVE, se levant.

Comme tu me dis cela drôlement.

MATHILDE.

Moi? pas du tout.

GUSTAVE, à part.

Qu'est-ce que ça peut être? ça m'intrigue.

MATHILDE.

Eh bien, tu ne sors pas?

GUSTAVE, pensant à autre chose.

Sortir?...

MATHILDE.

Oui... ton avoué.

GUSTAVE, sans répondre.

Dis donc, chère amie?

MATHILDE.

Mon ami?

GUSTAVE.

Ça me semble drôle que tu partes à quatre heures et demie

et que tu ne veuilles pas me dire tout de suite de quoi il est question.

MATHILDE.

Tu as bien tort de t'inquiéter pour si peu, je t'en réponds.

GUSTAVE.

Ah! il s'agit de peu de chose?... C'est égal, j'aimerais mieux le savoir tout de suite.

MATHILDE.

Mais ton avoué?...

GUSTAVE.

J'irai demain... plus tard... ça ne presse pas.

(Il se rassied près de sa femme.)

MATHILDE.

Je comprends; vous n'aviez pas plus d'affaires que moi, et vous alliez tout bonnement à votre cercle... ou ailleurs.

GUSTAVE.

Ah! c'est méchant, ça!... Mais laissons cela... et apprends-moi ce que tu as à me dire. Je t'écoute.

(Il se rapproche de sa femme.)

MATHILDE.

Nous disions donc que je pars à quatre heures et demie.

GUSTAVE.

Seule

MATHILDE.

Non, avec Armand.

GUSTAVE.

Armand... ton cousin?

MATHILDE.

Précisément.

GUSTAVE.

Et où allez-vous comme ça?

MATHILDE.

Je n'en sais rien encore.

GUSTAVE.

Comment! tu n'en sais rien?

MATHILDE.

Ma foi, non.

GUSTAVE.

Mais tu dois savoir au moins pourquoi tu pars?

MATHILDE, se levant.

Oh! ça, c'est différent, je le sais... En effet, je ne le sais que trop!

GUSTAVE, de même.

Alors, je te serais obligé de m'en instruire; car si je comprends un mot à tout cela...

MATHILDE.

Vous allez comprendre!

(Elle va au secrétaire et y prend un grand livre enfermé dans un tiroir.)

GUSTAVE, à part.

Qu'est-ce que ça signifie? (Mathilde s'assied sans répondre devant la table, et ouvre le livre qu'elle a placé dessus.) Quel est ce dossier?...

MATHILDE.*

C'est le vôtre.

GUSTAVE, étonné.

Le mien?...

MATHILDE, lisant.

« Le 9 juillet 1854, avoir fait cinq heures de coupé avec mademoiselle Amanda Michot. »

GUSTAVE, à part.

Aïe!... (Haut.) Moi? Il y a erreur!... il doit y avoir erreur... Je n'ai jamais connu...

MATHILDE, lui montrant un numéro de voiture qu'elle prend dans le registre.

Voici, comme preuve à l'appui, le numéro de la voiture.

GUSTAVE.

Mais...

* Mathilde, Gustave.

MATHILDE.

Je continue : « Le 25 janvier 55, être allé à minuit chez ladite Amanda, rue Saint-Georges, 24... »

GUSTAVE.

Mais je t'assure...

MATHILDE, lisant.

« En être sorti à minuit et demi... »

GUSTAVE.

Eh bien alors, tu vois que...

MATHILDE, continuant.

« Être allés ensemble au bal de l'Opéra... de là, avoir pris, toujours avec ladite Amanda, le cabinet 17 du café Anglais... être rentré à huit heures au domicile conjugal et avoir dit à sa femme qu'on était allé au bal des pauvres du troisième arrondissement... » Prononcez treizième.

GUSTAVE.

Mais... je te certifie...

MATHILDE.

Preuves à l'appui : La déclaration de...

GUSTAVE, l'interrompant.

Je vois qu'il est inutile de nier cette petite escapade; mais je puis t'affirmer...

MATHILDE.

Oh ! nous en avons bien d'autres !... (Continuant.) « Avril 56, passé la soirée au concert Musard avec mademoiselle Paméla Baudri... Soupé ensemble chez Bonvalet. »

GUSTAVE.

Mais, Mathilde...

MATHILDE, continuant.

« Juin 56, Paméla... Ranelagh. — Juillet, Paméla... Pré Catelan... etc., etc. » Et toujours les preuves en regard, entendez-vous !... Si vous désirez en prendre connaissance...

GUSTAVE.

Non, c'est inutile... je vois que tes registres sont parfaitement en règle... et je ne chercherai pas à nier plus longtemps un passé que je déplore, et dont j'ai déjà eu des remords, car depuis plus de six mois...

MATHILDE, se levant.

Vous n'êtes pas honteux! quand, cette nuit même...

GUSTAVE.

J'étais rentré à minuit! Tu dormais, tu ne m'as pas entendu; mais j'étais rentré!... Demande plutôt à Picard...

MATHILDE.

Vous le voulez?...

GUSTAVE.

Je l'exige, madame. (Mathilde sonne à la cheminée. — A part.) Je suis bien tranquille, je lui ai donné vingt francs.

SCÈNE V.

LES MÊMES, PICARD.

MATHILDE, à Picard qui entre par le fond.

Picard, à quelle heure monsieur est-il rentré cette nuit?

(Elle lui glisse quarante francs dans la main et s'assied sur la causeuse.)

PICARD.

A quelle heure?

(Il regarde la pièce de quarante francs.)

GUSTAVE, qui s'est assis à droite.

Allons, dis la vérité, mon brave Picard?

PICARD, à part.

Vingt francs pour mentir; quarante francs pour dire vrai... il n'y a pas à hésiter.

MATHILDE et GUSTAVE.

Eh bien?

PICARD.

Eh bien! je ne saurais dire à quelle heure monsieur est ren-

* Mathilde, Picard, Gustave.

tré... cette nuit, puisqu'il n'est rentré que ce matin à onze heures précises.

MATHILDE, se levant.

Vous l'entendez.

GUSTAVE, de même.

Comment, gredin! tu as l'audace...

PICARD.

Allons, monsieur, ne mentez donc pas comme ça devant vos domestiques... c'est d'un exemple déplorable!

MATHILDE, à Gustave.

Eh bien! monsieur, avouez-vous enfin?...

(Elle va à la cheminée.)

GUSTAVE.

Soit... j'avoue, j'avoue tout!... (Bas, à Picard.) Mais tu me le payeras, toi!...

PICARD, bas.

Mais, monsieur, comprenez donc que j'avais mes raisons pour agir ainsi.

GUSTAVE, bas.

Lesquelles?

PICARD, bas.

Vous m'avez donné vingt francs, n'est-ce pas?

GUSTAVE, bas.

Eh bien?

PICARD, bas.

Eh bien! madame m'en a donné quarante. Bédame!...

(Il sort tranquillement par le fond.)

SCÈNE VI.

MATHILDE, GUSTAVE.

GUSTAVE, à part.

Quel affreux coquin!...

MATHILDE.

Eh bien ! monsieur, désirez-vous que nous poursuivions cette petite enquête ?...

GUSTAVE.

C'est inutile... J'ai été léger, très-léger, j'en conviens ; j'avoue mes torts, tous mes torts ; mais je regrette vivement... que tu en aies été instruite.

MATHILDE.

Plaît-il ?

GUSTAVE.

Non ! je veux dire que je regrette vivement de les avoir eus ! J'en suis honteux, j'en rougis, je t'en demande pardon, et je te promets qu'à l'avenir je serai le modèle des époux... Nà !... maintenant, embrassons-nous et que tout soit oublié !...

MATHILDE.

Comment ! selon vous on pourrait tromper sa femme pendant deux ans; puis, il suffirait de lui dire : « Ma chère amie, je suis vraiment désolé de ce qui est arrivé, et je te promets qu'à l'avenir ça ne se renouvellera plus... » Ce serait vraiment trop commode !

GUSTAVE.

Oui, je comprends bien que tu sois un peu... contrariée... mais enfin, voyons, que veux-tu que j'y fasse, et toi-même que veux-tu y faire ?

MATHILDE.

Moi ? je vous l'ai dit, monsieur, je pars à quatre heures et demie.

GUSTAVE.

Avec Armand ?

MATHILDE.

Sans doute !

GUSTAVE.

Allons donc ! ce n'est pas possible !

MATHILDE.

Cela sera pourtant.

GUSTAVE.

Mais, Mathilde...

MATHILDE.

AIR *de l'Hiver*. (M. Alexandre Michel.)

Un jour, vous me rendrez justice,
De tous vos torts vous rougirez.
Vous me perdez... pour un caprice...
A votre tour, vous souffrirez.
Plus tard, vous entendrez sans doute
Une voix dire à votre cœur :
« Le plaisir chantait sur ta route,
» Mais tu passais près du bonheur. »

(Elle remonte vers la droite.)

GUSTAVE. *

Mais encore une fois...

MATHILDE.

Je vais finir mes malles.

GUSTAVE.

Mathilde!...

(Sans lui répondre, Mathilde sort par la droite.)

SCÈNE VII.

GUSTAVE, seul.

Comment! elle part à quatre heures et demie? Comment! elle va finir ses malles?... Mais ce n'est pas possible! mais je m'y oppose!.... car je l'aime, ma femme!... Je sais bien qu'à ma conduite, on ne s'en serait guère douté; mais je l'aime, je l'ai toujours aimée!

(Picard entre par le fond, en riant aux éclats.)

SCÈNE VIII.

GUSTAVE, PICARD.

GUSTAVE.

Comment! c'est toi, drôle! et tu as le front...

* Gustave, Mathilde.

PICARD, riant toujours.

Ah! monsieur, laissez-moi rire un peu...

GUSTAVE.

Rire de quoi? qu'est-ce qui te fait rire, animal?

PICARD.

Vous, monsieur! car j'ai tout entendu... Madame en a assez d'être trompée par monsieur comme dans un bois, et après tout ce qu'elle sait...

GUSTAVE.

C'est juste, elle sait tout maintenant! Je n'ai donc plus de ménagements à garder avec toi... c'est toujours ça de gagné. Monsieur Picard, je vous chasse! (Allant prendre sa canne sur la causeuse.) mais auparavant...

PICARD.

Mais non, elle ne sait pas tout!

GUSTAVE.

Comment?

PICARD.

Elle ignore le pire, le plus abominable!...

GUSTAVE.

Quoi donc?

PICARD.

Elle ignore que l'an dernier, le jour de sa fête, à elle, votre femme, vous avez envoyé un bracelet... superbe à votre amante!...

GUSTAVE, rejetant sa canne sur la causeuse.

Mais c'est donc le diable que cet être-là?

PICARD.

Et dire que ce jour-là vous n'avez pas même donné un bouquet de violettes à madame, sous prétexte que les gaz avaient baissé!

GUSTAVE, s'asseyant sur la causeuse.

Et je le soutiens, ils avaient baissé!

PICARD, avec énergie.

Non, monsieur! les gaz étaient fermes à 240. J'ai gardé la *Patrie* de ce jour-là. Ah! monsieur, il est bien dur pour un honnête homme tel que moi d'être le domestique d'un bourgeois dont les débordements offensent la morale et la société!

GUSTAVE, se levant avec une rage concentrée.

Des sermons, maintenant!... Mais, malheureux, tu veux donc que je te fasse jeter le soir dans le canal?

PICARD, allant se mettre derrière le fauteuil de droite.

Monsieur en a le droit; mais je lui ferai observer que je vais de Paris à Saint-Cloud sans effort.

GUSTAVE, se montant.

Alors je te jetterai par la fenêtre!

PICARD.

Laissez donc! ça fait trop de bruit.

GUSTAVE, exaspéré.

Je t'empoisonnerai!

PICARD.

Pas possible, monsieur!... je suis bien avec la cuisinière. Vous voyez que je vous tiens toujours par un fil. (Gustave va s'asseoir sur la causeuse.) Ah! voilà ce que c'est que de tromper un ange... car madame est un ange que tout le monde adore. Moi-même, monsieur, je vous le dis entre nous... moi-même je n'ai pu rester insensible...

GUSTAVE, ahuri.

Toi?

PICARD.

Moi! mais soyez tranquille, elle ne connaîtra jamais mon amour!.. Moi porter le trouble dans un ménage! (Avec sentiment.) Jamais!

GUSTAVE, ébahi.

Ah!... c'est le plus fort!...

PICARD.

Mais je perds là mon temps et j'oublie que j'ai une lettre pour madame.

(Il tire une lettre de sa poche.)

GUSTAVE, se levant.

Une lettre?

PICARD.

De monsieur Armand.

(Il se dirige vers la droite.)

GUSTAVE, allant se mettre devant lui. *

Son cousin?... Combien t'a-t-il donné pour la remettre à ma femme?

PICARD, avec aplomb.

Quinze francs.

GUSTAVE.

Combien veux-tu me la vendre?

PICARD.

Vingt-cinq francs, parce que c'est vous, et que nous faisons souvent des affaires ensemble.

GUSTAVE.

Tiens, les voilà.

(Il lui donne l'argent et prend la lettre.)

PICARD.

Merci, monsieur. (A part.) Ça fait quatre-vingt-cinq francs pour ma journée... Et dire qu'il y a des gens qui se font agents de change!... Enfin!

(Il sort par le fond.)

SCÈNE IX.

GUSTAVE, seul, lisant la lettre.

« Chère Mathilde, j'ai reçu votre lettre ce matin; c'est en-

* Picard, Gustave.

tendu, je vous attendrai à quatre heures et demie au chemin de fer du Nord. Votre affectionné cousin, **Armand.** » Plus moyen de douter... Mais comment faire pour l'empêcher de mettre son projet à exécution?

(A la vue de Mathilde, qui entre par la droite, il met la lettre dans sa poche.)

SCÈNE X.

GUSTAVE, MATHILDE.

MATHILDE, entrant.

Ah! vous êtes encore là, monsieur?... C'est une galanterie à laquelle vous ne m'avez pas accoutumée.

GUSTAVE.

Voyons, Mathilde, ne plaisantons pas!... Ce que tu m'as dit tout à l'heure... ce n'est pas sérieux, n'est-ce pas? c'est une ruse, une épreuve?

MATHILDE.

Dans quel but?

GUSTAVE.

Parbleu! dans le but de me désespérer, et si ce n'est que cela que tu voulais, tu dois être contente; car, depuis tantôt, ce que j'ai eu d'éblouissements et de bourdonnements dans les oreilles...

MATHILDE.

Pourquoi donc?

GUSTAVE.

Parce que je t'aime!

MATHILDE, riant.

Vous?

(Elle s'assied sur le fauteuil de droite.)

GUSTAVE.

Je sais bien qu'après ce qui s'est passé, j'aurai de la peine à te le persuader... C'est pourtant la vérité... J'avoue que je t'ai trompée... mais crois bien que, malgré ça... Enfin, voici la chose : avant mon mariage... bien avant... j'étais... bien avec une nommée Amanda... Cette chaîne étant incompatible avec le titre d'époux, j'écrivis à la personne pour lui dire... que je la remerciais ; mais il paraît qu'elle n'avait pas reçu ma lettre ; car un jour je la rencontre aux Champs-Elysées... et elle me fait une scène abominable, en me menaçant de me relancer jusqu'ici... Je préférai la reconduire chez elle pour t'éviter ce scandale et pour lui donner des explications... Mais elle a la tête un peu dure, et la scène des explications durait indéfiniment...

MATHILDE, se levant.

Soit !... mais mademoiselle Paméla ?...

GUSTAVE.

Paméla ?... c'était pour prouver à Amanda que je n'étais plus son esclave !

MATHILDE.

Il y avait un moyen bien plus simple.

GUSTAVE.

Lequel ?

MATHILDE.

C'était de revenir au logis, tout bonnement.

GUSTAVE.

Tiens ! c'est vrai !... eh bien ! je n'y ai pas pensé.

MATHILDE.

C'est le tort que vous avez eu, monsieur, et vous n'avez sans doute pas la prétention de me désarmer par une pareille excuse ?

GUSTAVE.

Je n'ose en effet l'espérer... pourtant, il m'est impossible de penser que, de ton côté...

MATHILDE.

Oh ! rassurez-vous, monsieur, je n'ai jamais eu l'intention

de vous rendre la monnaie de vos infidélités, j'ai voulu piquer un peu votre vanité, voilà tout; car ma soi-disant connivence avec Armand est une petite comédie que je ne continuerai pas plus longtemps.

GUSTAVE, tirant la lettre de sa poche.

Pas un mot de plus, madame!

MATHILDE.

Qu'est-ce qui vous prend donc?

GUSTAVE.

N'ajoutez pas le mensonge à l'infamie!

MATHILDE.

Ah çà, perdez-vous la raison?

GUSTAVE.

Mais vous ne voyez donc pas que toute feinte est inutile!... Tenez, lisez, madame, lisez!

(Il lui donne la lettre.)

MATHILDE, tranquillement, après y avoir jeté les yeux.

Eh bien, oui, Armand, mon parent, mon ami d'enfance, doit m'accompagner et me conduire... chez ma mère.

GUSTAVE.

Ah! il doit seulement... mais non, au fait! s'il en était ainsi, il n'aurait pas donné quinze francs à Picard pour vous remettre cette lettre en tapinois.

MATHILDE.

Et qui vous a dit qu'il eût donné de l'argent à Picard?

GUSTAVE.

Picard lui-même.

MATHILDE.

Ce n'est pas possible.

GUSTAVE.

Vous pouvez l'interroger.

MATHILDE.

C'est bien ce que je vais faire.

(Elle sonne sur la table.)

GUSTAVE.

C'est vous qui l'aurez voulu!

(Picard entre par le fond.)

SCÈNE XI.

LES MÊMES, PICARD.

MATHILDE. *

Picard?

PICARD.

Madame?

MATHILDE.

Vous avez dit à monsieur que mon cousin vous avait donné quinze francs pour me faire tenir ce billet?

(Elle montre la lettre.)

PICARD.

Oui, madame, je l'ai dit.

MATHILDE.

Il vous a donné quinze francs?

PICARD.

Il ne m'a pas donné un sou.

GUSTAVE.

Hein?

MATHILDE.

Vous voyez bien.

GUSTAVE.

Alors, pourquoi m'as-tu dit...

PICARD.

C'était afin que monsieur m'en donnât vingt-cinq pour avoir la lettre.

GUSTAVE.

Il est effrayant d'aplomb, ce brigand-là!

* Gustave, Picard, Mathilde.

PICARD.

Madame n'a pas autre chose à me demander?

MATHILDE.

Non, laissez-nous.

PICARD, bas à Gustave, qui fait un geste de colère.

Vous comprenez bien que, sans cette petite ruse, vous m'auriez donné trois francs tout au plus; c'était vingt-deux francs que je perdais, bédame!

(Il sort tranquillement par le fond.)

SCÈNE XII.

GUSTAVE, MATHILDE.

GUSTAVE.

Quel cynisme!

MATHILDE.

Êtes-vous convaincu, monsieur?

GUSTAVE.

Sans doute; aussi, je ne puis plus douter de ta résolution et c'est ce qui me désole! Oh! je sais bien ce que tu vas me dire : que je l'ai mérité... c'est vrai!... que je ne t'aime pas... mais je te répète que tu es dans l'erreur!... Que veux-tu... les hommes sont comme ça! mais les femmes ne peuvent pas saisir ces nuances délicates!...

MATHILDE.

Pardonnez-moi, monsieur, je saisis parfaitement, et je crois même qu'à l'avenir vous seriez plus réfléchi dans votre conduite...

GUSTAVE.

Oh oui! je te le jure!...

MATHILDE.

Mais je ne vois pas pourquoi je m'imposerais des sacrifices pour un homme qui n'a jamais su me sacrifier sa moindre fantaisie. Ainsi, monsieur, c'est dit, je pars sans haine, sans colère, mais je pars à quatre heures et demie.

GUSTAVE.

Mais je ne veux pas que tu partes, c'est là toute la question ! Voyons, reste, je t'en prie, je t'en supplie à deux genoux ! je serai si sage, si bon, si gentil!... Tu restes, n'est-ce pas ?

MATHILDE, passant à gauche.

Mon Dieu ! rester est bien facile ; mais la difficulté est de rester avec plaisir.

GUSTAVE, regardant la pendule. *

Mathilde ! il est quatre heures... j'ai encore une demi-heure... je la réclame !

MATHILDE.

Et pourquoi ?

GUSTAVE.

Pour te décider à rester...

MATHILDE.

Eh bien... eh bien, monsieur, essayez.

(Elle s'assied sur la causeuse.)

GUSTAVE, avec joie.

Ah !... j'ai du temps devant moi, maintenant !... j'ai du temps devant moi !...

(Il va s'adosser à la cheminée et se frotte les mains d'un air satisfait.)

MATHILDE, après un temps. **

Monsieur... monsieur ?

GUSTAVE.

Bonne amie ?

MATHILDE.

Vous savez que vous n'avez qu'une demi-heure...

GUSTAVE, revenant au milieu. ***

C'est vrai, au fait ! mais qu'est-ce que je pourrais bien dire ou faire, bon Dieu ! (Subitement.) Ah !... ça sera toujours ça !

(Il s'élance vers la table, s'assied et écrit.)

* Mathilde, Gustave.
** Gustave, Mathilde.
*** Mathilde, Gustave.

MATHILDE.

Qu'est-ce que vous faites là ? vous m'écrivez ?

GUSTAVE, écrivant.

Non, j'envoie ma démission au cercle... c'est gentil ça, hein ?

MATHILDE.

Oui, ce serait assez gentil si j'étais désireuse de votre présence... mais, hélas !

GUSTAVE, se levant.

Ça ne fait rien, ça ne fait rien... l'intention y est toujours... Voyons, maintenant... Ah ! mes cigares !... (Il va prendre une boite de cigares sur la console de droite et s'élance vers la fenêtre. — Regardant au dehors.) Tiens... voilà justement Picard !... (Jetant la boite par la fenêtre.) Gare là-dessous !

PICARD, en dehors.

Ho la la !...

MATHILDE.

Qu'est cela ?

GUSTAVE.

Mes cigares, que j'offre aux passants ; je ne fumerai plus jamais... jamais !

PICARD, en dehors.

Merci, monsieur !

MATHILDE.

Je vous remercierais aussi, si je devais rester... (Se levant.) mais je vous avoue que, tout en vous sachant gré de ces sacrifices, je n'en suis pas... électrisée.

GUSTAVE.

Eh bien !... écoute... écoute... nous irons tantôt chez Bender, commander un coupé !

MATHILDE, tranquillement.

Ah !...

GUSTAVE.

De là, nous passerons chez Tahan, où tu prendras tout ce que tu voudras pour garnir une étagère !...

MATHILDE, de même.

Ah !...

GUSTAVE.

Puis, chez Janisset, où tu choisiras une parure complète en rubis, en émeraudes, en diamants... ça m'est égal.

MATHILDE, de même.

Ah !...

GUSTAVE, un peu déconcerté.

Il me semble pourtant que cela sent un peu le mari qui aime sa femme et qui veut s'en faire aimer?

MATHILDE, avec un peu de tristesse.

Oui, l'intention est bonne ; mais le choix des moyens de séduction n'est pas heureux.

GUSTAVE, ébahi.

Comment?

MATHILDE.

Vous ne voyez donc pas que vous ne m'offrez là que des choses avec lesquelles on séduit les... Amanda !...

GUSTAVE.

C'est vrai, pourtant ; ce que c'est que l'habitude... mais comment faire pour...

MATHILDE.

Tenez, monsieur, croyez-moi, restons-en là ; car je pense qu'une plus longue épreuve serait inutile.

GUSTAVE.

Ainsi, vous êtes bien décidée ?

MATHILDE.

Très-décidée.

(Elle va vers la cheminée.)

GUSTAVE, venant se mettre devant elle. *

Bien décidée?

MATHILDE.

Très-décidée.

* Gustave, Mathilde.

GUSTAVE.

C'est bien, madame !

MATHILDE, allant à la porte de droite et appelant.

Justine ! mon châle, mon chapeau !

(Une femme de chambre apporte à Mathilde son châle et son chapeau et sort aussitôt.)

GUSTAVE, sonnant sur la table.

Picard !

SCÈNE XIII.

GUSTAVE, PICARD, MATHILDE.

GUSTAVE, à Picard qui entre par le fond.

Picard !... mon chapeau, mon paletot !

PICARD.

Monsieur, c'est que je suis en train de prendre mon café, et. .

GUSTAVE, le poussant vers la chambre de gauche.

Allons, fais ce que je te dis !

PICARD. *

Qu'est-ce à dire?

(Il entre dans la chambre de gauche et revient immédiatement, en apportant à Gustave son chapeau et son paletot, que celui-ci met. — Pendant ce temps, Mathilde, de son côté, a mis son châle et son chapeau. — Gustave et Mathilde se rencontrent alors à la porte du fond. — Picard est rentré dans la chambre de gauche.)

MATHILDE. **

Vous sortez, monsieur ?

GUSTAVE.

Oui, je vais au chemin de fer.

MATHILDE.

Du Nord?

GUSTAVE.

Du Nord... C'est moi qui vous accompagnerai chez votre mère.

* Picard, Gustave, Mathilde.
** Gustave, Mathilde.

MATHILDE.

Vous, monsieur?

GUSTAVE.

Si quelqu'un vous rencontrait... avec monsieur Armand... on pourrait vous calomnier... et je ne le veux pas... (ôtant son chapeau) car vous êtes la plus digne des femmes!... et moi, je suis bien le plus grand fou... le plus grand coupable!... Quand je pense que, le jour de votre fête, je ne vous ai seulement pas donné un bouquet de violettes, quand je portais ailleurs... aussi, je suis puni... c'est bien fait!

MATHILDE.

Et que direz-vous à ma mère?

GUSTAVE.

Je lui dirai que vous êtes un ange et que je suis un monstre!

Air *de l'Hiver*. (M. Alexandre Michel.)

Je dirai : Voilà votre fille!
Son abandon m'était bien dû!
Plus de foyer! plus de famille!
Pur trésor à jamais perdu!
Vous serez heureuse sans doute,
Et moi je dirai dans mon cœur :
« Le plaisir chantait sur ma route,
» Mais j'ai passé près du bonheur. »

(Musique à l'orchestre jusqu'à la fin.)

Et maintenant, partons... (Il remonte un peu; Mathilde le regarde un instant, puis s'approche de la table et, tout debout, écrit quelques mots sur son registre.) Que faites-vous donc là?...

(Il se rapproche d'elle.)

MATHILDE, lui montrant la pendule.

Vous m'avez fait manquer l'heure du chemin de fer.

(Elle lui indique ce qu'elle vient d'écrire.)

GUSTAVE, après avoir lu, avec un cri de joie.

Se peut-il?... Ah! Mathilde!...

(Il lui baise la main.)

PICARD, rentrant par la gauche. *

Monsieur a sonné ?...

GUSTAVE, comme frappé d'une idée.

Ah ! tu écoutais, toi ?

PICARD.

Oui, monsieur.

GUSTAVE.

Eh bien !... (A sa femme.) Attends... un petit compte à régler... (Allant à Picard et lui présentant le registre.) Lis... mon bon Picard.

PICARD.

Je crains d'être indiscret.

GUSTAVE.

Non, non... il faut que tu saches tout.

PICARD, prenant le registre.

Puisque monsieur m'en prie... (Lisant.) « 15 octobre 56, aveux complets... repentir... Amnistie... » (Jetant le registre sur la causeuse.) Oh ! les femmes !... (Gustave lui donne un coup de pied au derrière.) Qu'est-ce à dire ?... oser lever la main sur moi !

GUSTAVE.

C'est-à-dire que ma femme sait tout cette fois, tout... et que je te chasse !...

PICARD.

Ah !...

GUSTAVE, imitant Picard.

Bédame !

MATHILDE.

Ce pauvre Picard !

PICARD.

Moi, madame ?... Du moment que vous êtes raccommodés, je n'ai plus rien à faire ici... J'ai quelques petites économies... je vas faire bâtir... Bédame !...

* Picard, Gustave, Mathilde.

FIN

Paris. — IMP. DE LA LIBRAIRIE NOUVELLE. — A. Delcambre, 15, rue Breda.

2/11

www.ingramcontent.com/pod-product-compliance
Lightning Source LLC
LaVergne TN
LVHW052012160826
845678LV00003B/1030

* 9 7 8 2 3 2 9 6 5 5 5 0 5 *